# 北京市地理国情成果应用实践探索

## Exploration of Application Practice on Beijing's Geographical and National Monitoring Results

牛锐 主 编

黄迎春 曲波 吴军 副主编

测绘出版社

·北京·

## 内容简介

本书基于北京市第一次地理国情普查和监测成果，围绕在城市"多规合一"、新版城市总体规划编制与实施、违法用地与违法建筑治理、生态保护与环境治理等多个领域的应用实践，针对应用的广度、深度以及存在的不足进行有效梳理，实现地理国情监测成果用好、用准、用深，为全国其他城市用好地理国情监测成果提供参考借鉴。本书可为城市国土空间监测、土地资源规划管理、科研院所及高校等相关行业人员提供参考。

**图书在版编目（CIP）数据**

北京市地理国情成果应用实践探索／牛锐主编 . --
北京：测绘出版社，2024.4
ISBN 978-7-5030-4480-9

Ⅰ. ①北… Ⅱ. ①牛… Ⅲ. ①地理-国情-研究-北京 Ⅳ. ①K921

中国国家版本馆 CIP 数据核字（2024）第 079862 号

**北京市地理国情成果应用实践探索**

Beijing Shi Dili Guoqing Chengguo Yingyong Shijian Tansuo

| 责任编辑 | 刘 策 | 复 审 | 李 莹 | 封面设计 | 李 伟 | 责任印制 | 陈姝颖 |

| | | | |
|---|---|---|---|
| 出版发行 | 测绘出版社 | 电　话 | 010-68580735（发行部） |
| 地　址 | 北京市西城区三里河路 50 号 | | 010-68531363（编辑部） |
| 邮政编码 | 100045 | 网　址 | https://chs.sinomaps.com |
| 电子信箱 | smp@sinomaps.com | 经　销 | 新华书店 |
| 成品规格 | 169mm×239mm | 印　刷 | 北京捷迅佳彩印刷有限公司 |
| 印　张 | 5.25 | 字　数 | 70 千字 |
| 版　次 | 2024 年 4 月第 1 版 | 印　次 | 2024 年 4 月第 1 次印刷 |
| 印　数 | 001-500 | 定　价 | 48.00 元 |

书　号 ISBN 978-7-5030-4480-9

审 图 号 京 S（2024）021 号

本书如有印装质量问题，请与我社发行部联系调换。

# 《北京市地理国情成果应用实践探索》
# 编 委 会

主　　编：牛　锐

副 主 编：黄迎春　曲　波　吴　军

编　　委：顾　娟　杨旭东　陈　娟　庄　园　耿源浩　张劲松

　　　　　王箭超　刘博文　王　淼　麻晓男　陈　力　段红志

　　　　　曾敬文　白晓辉　佘永欣　蔡雯雨　冯云德　付　鑫

　　　　　龚　芸　谢燕峰　刘　鹏　易致礼　孟祥武　董建芳

# 前　言

地理国情普查是一项重大的国情国力调查。北京市于 2013 年至 2015 年开展全市第一次地理国情普查工作，地理国情数据以"所见即所得"为采集原则，不考虑专业部门管理层面对地物类别的属性划分，只依据影像并结合外业调查与核查，反映的是地表覆盖的真实情况。按照国务院对地理国情监测工作总体部署和测绘地理信息事业转型发展需要，从 2016 年起地理国情信息获取进入常态化监测阶段，在地理国情普查的基础上，采用与第一次全国地理国情普查相一致的内容体系，覆盖全国，面向通用目标、综合考虑多种需求进行年度监测，持续为各类应用提供地理国情信息支撑和业务化、常态化监测服务。北京市于 2017 年至 2021 年开展年度监测，形成了丰富、翔实、客观、准确的地理国情监测成果数据，其成果已在"多规合一"、《北京城市总体规划（2016 年—2035 年）》（即新版城市总体规划）编制与实施、违法用地与违法建筑治理、生态保护与环境治理等多个领域得到有效应用。随着应用领域的扩大和应用层级的提升，亟须对基于地理国情监测成果的应用进行梳理，厘清现有应用的广度、深度以及存在的不足，为后续推进地理国情监测乃至自然资源监测、国土空间规划实施监测等进行方向性指导，针对有高需求的应用方向进行加强，对存在缺陷的应用方向需要纠正完善，对数据理解不精准的应用方向需要及时纠偏，避免错误应用。基于应用实践探索，实现地理国情监测成果用好、用准、用深，同时为全国其他城市用好地理国情监测成果提供参考借鉴。

2014 年 1 月 13 日，全国测绘地理信息局长会议在北京召开，要求："做好普查，发挥监测作用。必须始终坚持'边普查、边监测、边应用'，切实加快成果提供和转化，快出成果、出好成果。"北京市基于地理国情监测成果数据，结合全市重点工作，围绕城市总体规划编制与实施、重大项目工程建设、非首都功能疏解、城市精细化治理、生态文明建设、城市安全运维、国家重大调查、数据内涵价值以及成果服务日常管理需求等方面，已经开展了应用实践探索。

本书共九章。第一章主要介绍地理国情成果体系，包括国情成果和市情成果；第二章主要介绍地理国情监测成果服务于北京市重大事件、重大任务、专项工作、重大调查项目等方面情况，形成应用服务体系；第三章介绍地理国情监测成果服务北京新版城市总体规划编制、分区规划编制、浅山区保护规划、城市体检实施评估的情况；第四章介绍地理国情监测成果在首都重大项目工程建设中的应用情况，如新首钢地区工程建设、冬残奥会体育场馆建设、副中心重大工程建设、大兴国际机场建设等；第五章介绍在城市精细化治理方面，地理国情监测成果如何发挥作用，如违法建筑治理、逾期临建摸底、棚户区改造、背街小巷环境整治、低密度住宅整治、城市绿地监管整治等方面；第六章介绍地理国情监测成果在全市生态文明建设中的应用，如城市生态用地督查、新一轮百万亩造林、生态保护红线优化、自然岸线识别等；第七章介绍地理国情监测成果如何推动国家基础普查项目，如第七次全国人口普查、第三次全国国土调查、第二次全国地名普查、第一次全国自然灾害综合风险普查等；第八章介绍地理国情监测成果数据内涵价值，提出相关应用方向；第九章是对全书的总结与展望。

本书参考和引用了相关资料，在此表示感谢。

由于编者水平有限，编写时间仓促，书中难免存在一些缺陷或不妥之处，敬请读者批评指正，提出宝贵意见，以便我们进一步修改、完善本书的内容。

编　者
2024 年 2 月

# 目　录

# 第一章　地理国情成果体系

北京市地理国情普查和监测形成了丰富、翔实、客观、准确的地理空间信息成果，包括六大类国情成果和五大类市情成果，其中国情成果包括地表覆盖、地理国情要素、数字正射影像图、数字高程模型、解译样本和元数据等六大类国家要求的工作内容；市情成果包括房屋建筑、交通设施、水务设施、生态环境和地表沉降等五大类依据北京市实际情况而开展的工作内容。

## 一、国情成果

北京市第一次地理国情普查成果中，国情成果包括地表覆盖、地理国情要素、数字正射影像图、数字高程模型、解译样本和元数据等成果。地表覆盖成果覆盖北京市全市域范围，共采集了82.3万个图斑，涉及种植植被、林草覆盖、房屋建筑（区）、铁路与道路、构筑物、人工堆掘地、裸露地表和水域。地理国情要素成果涉及36个图层，共采集28万个要素，涉及城镇综合功能单元、社会经济区域单元、交通和水域，如居住小区、单位院落、工矿企业、城市道路、湖泊、河流和水渠等。数字正射影像图成果主要包括全市域50景高分辨率数字正射影像图。数字高程模型成果为覆盖全市域的数字高程模型。解译样本成果主要是基于内业判读与外业实地核查拍摄的照片，共1.25万对。元数据成果是制作数据的数据，记录数据制作的全流程，包括18个图层，共7.6万个采集对象。

## 二、市情成果

北京市第一次地理国情普查成果中，市情成果包括房屋建筑、交通设施、水务设施、生态环境和地表沉降等成果。房屋建筑具体是指上有屋顶、周围有墙，能防风避雨、御寒保温，供人们在其中工作、生产、生活、学习、娱乐和储藏物资，并具有固定基础，层高一般在2.2米以上的场所。北京市采集的单体建筑细分为住宅、公共建筑、工业仓储、农业建筑、特殊建筑五大类型，不区分国有土地和集体土地，以及是否有产权证书，凡遥感影像上可以识别的单体建筑均作为采集内容。交通设施包括规划路、轨道交通站点及出入口、室外无障碍设施等。水务设施包括城市易积水点、浅层地下水监测点、排水管网等。生态环境包括名木、古树、垃圾场站、重点调查污染源等。地表沉降主要监测地表沉降监测点，通过监测分析为城市安全提供必要的预警。

# 第二章 地理国情服务体系

地理国情普查和监测成果主要服务于城市规划管理应用与首都规划建设具体应用。根据相关应用案例的实践探索，地理国情服务主要分为基础应用、深度应用和拓展应用三个层级。

## 一、基础应用

基础应用主要使用地理国情监测成果中的地表覆盖和地理国情要素成果，不需要额外进行深度分析和加工，直接应用于各委办局的相关管理工作中。例如，基于地理国情监测成果中的行政区划和路网、水系、城市运行基础设施等数据，直接输出基础图件、制作工作计划等。

## 二、深度应用

深度应用是基于地理国情监测成果，通过基础空间分析、空间数据清洗、其他数据叠加等基础工序，实现规划管理的相关应用。例如，应用地理国情监测成果，编制新版城市总体规划，应用单体建筑数据进行房屋专题体检评估、全市低密度住宅整治等。

## 三、拓展应用

拓展应用主要基于地理国情监测成果中的核心数据，通过对数据进行空间分析、业务规则重建等流程，形成适应规划管理需求、空间治理目标的工作方案。例如，应用地理国情监测成果中的单体建筑数据，通过空间套合、治理规则重建等工作步骤，形成全市疏解非首都功能，辅助实现空间精准拆除的创"无违建"三年行动计划。另外，生态保护红线边界校核等工作也属于此类应用服务。

## 四、小结

基于上述地理国情服务体系，围绕地理国情成果服务新版城市总体规划、支撑首都重大项目工程、推动城市精细化治理、提升首都生态文明建设、保障国家基础普查、深化数据内涵价值六个方面，详细介绍地理国情监测成果在这些领域的实践探索。

# 第三章 地理国情服务
## 新版城市总体规划

## 一、概述

　　2014 年 2 月，习近平总书记视察北京并发表重要讲话，明确了北京在新形势新时期的战略定位，对推动京津冀协同发展作出战略部署，为新时期首都发展指明了方向。为深入贯彻落实习近平总书记视察北京重要讲话精神，紧紧扣住迈向"两个一百年"奋斗目标和中华民族伟大复兴的时代使命，围绕"建设一个什么样的首都，怎样建设首都"这一重大时代课题，谋划首都未来可持续发展的新蓝图，北京市编制了《北京城市总体规划（2016 年—2035 年)》（即新版城市总体规划），并于 2017 年 9 月得到中共中央、国务院批复。

　　新版城市总体规划深入贯彻习近平总书记重要讲话精神和治国理政新理念新思想新战略，坚持以习近平总书记视察北京重要讲话精神为根本遵循，立足首都城市战略定位，着眼于新的历史时期首都发展的新要求、新期待。新版城市总体规划提出"总结新中国成立以来北京城市发展的成功经验，明确发展目标和城市规模，科学规划城市空间布局"。基础地理空间数据正是支撑新版城市总体规划编制以及后期实施的重要基础数据。

　　地理国情普查和监测是摸清全市市情家底的重要工作，是自然资源调查监测工作的重要组成部分，其监测内容丰富、翔实、客观、准确，为新版城市总体规划的编制提供了坚实的地表自然和人文地理要素数据基础。自 2017 年开始，地理国情监测成果每年进行维护与更新，通过分析与评价，在新版城市总体规划实施过程中充分发挥了基础数据支撑作用。

## 二、新版城市总体规划编制

新版城市总体规划相较于以往版本的城市总体规划，首次将房屋建筑管控纳入规划的核心内容中。规划编制课题组反复研究了北京市第一次地理国情普查相关成果，如全市的单体建筑、道路及交通设施、水域及水利设施、园地、林地、草地、地理单元等数据及统计分析成果，将这些成果直接应用于新版城市总体规划关于城市空间结构、城市绿色空间、城市体检等分析研究中。地理国情普查的全市房屋建筑数据为新版城市总体规划中北京市未来房屋管控在数量、空间、时序、用途四个方面都提供了有力的分析支撑，也为城市人口规模、城乡建设用地规模的现状评估、分析和规划提供了数据基础。

依托北京市第一次地理国情普查成果，摸清了北京市城市空间格局，为新版城市总体规划提出的"一核一主一副、两轴多点一区"的城市空间结构奠定了坚实的数据基础。《北京城市总体规划（2016 年—2035 年）》市域空间结构规划图见图 3.1。

"一核"指首都功能核心区，是全国政治中心、文化中心和国际交往中心的核心承载区，是历史文化名城保护的重点地区，是展示国家首都形象的重要窗口地区。《北京城市总体规划（2016 年—2035 年）》核心区空间结构规划图见图 3.2。保障首都功能核心区拥有安全、优良的政务环境，严格控制建筑高度，严格管控高层建筑审批，提升安全保障水平成为目前首都功能核心区的重点工作。掌握最新、准确的首都功能核心区房屋建筑数据情况，是保障首都政务环境平稳发展的有效途径，为城市体检提供了准确的动态变化情况与数据成果，也为落

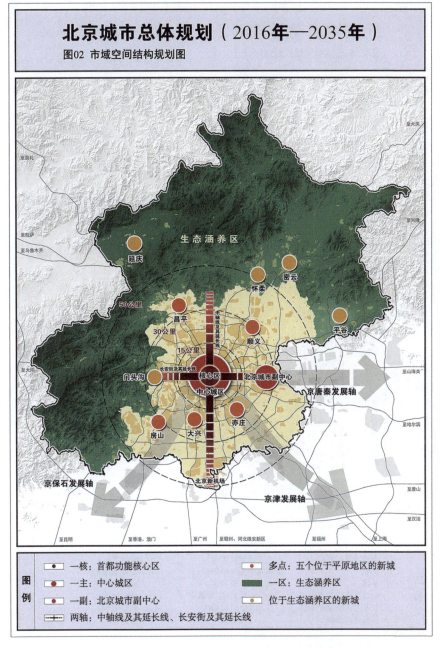

图 3.1 《北京城市总体规划（2016 年—2035 年）》市域空间结构规划图①

---

① 图 3.1~图 3.5 和图 5.5 均来源于北京市规划和自然资源委员会网站，进行了大小缩放，未做内容更改。

**图 3.2 《北京城市总体规划（2016年—2035年）》核心区空间结构规划图**

实核心区控制性详细规划以及 2018 年—2020 年三年行动计划建设控制工作提供了基础依据。

"一主"指中心城区，是全国文化中心、国际交往中心、国际科技创新中心的集中承载地区，是建设国际一流的和谐宜居之都的关键地区，是疏解非首都功能的主要地区《北京城市总体规划（2016 年—2035 年)》中心城区空间结构规划图见图 3.3。以疏解非首都功能、治理"大城市病"为切入点，完善配套设施，保障和服务首都功能的优化提升。依托历年地理国情监测数据规划完善分散集团式空间布局，严格控制中心城区的城市规模。推进城市修补和生态修复，提升城市品质和生态水平，增强人民群众获得感。

"一副"指北京城市副中心。规划建设北京城市副中心，是以习近平同志为核心的党中央作出的重大决策部署，是千年大计、国家大事。《北京城市总体规划（2016 年—2035 年)》北京城市副中心空间结构规划图见图 3.4。不仅是调整北京空间格局、治理"大城市病"、拓展发展新空间的需要，也是推动京津冀协同发展、探索人口经济密集地区优化开发模式的需求，对于落实首都城市战略定位、建设国际一流的和谐宜居之都，以及建设以首都为核心的世界级城市群，都具有十分重大深远的意义。北京市地理国情监测成果为谋划新时代城市副中心可持续发展的精细蓝图，创造"城市副中心质量"，实现更高质量、更有效率、更加公平、更加持续、更为安全的发展提供有力抓手。

"两轴"指中轴线及其延长线、长安街及其延长线。《北京城市总体规划（2016 年—2035 年)》市域历史文化名城保护结构规划图见图 3.5。中轴线及其延长线以文化功能为主，是体现大国首都文化自信的代表地区。既要延续历史文脉，展示传统文化精髓，又要做好有机更新，体现现代文明魅力。历年对两轴附近地区与上述城市要素有关的监测内容是地理国情监测的重点工作之一。

"多点"指五个位于平原地区的新城，包括顺义、大兴、亦庄、昌平、房山新城，是承接中心城区适宜功能和人口疏解的重点地区，

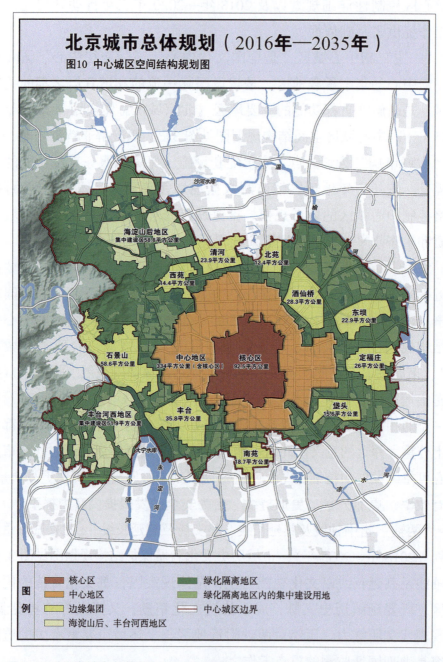

**北京城市总体规划（2016年—2035年）**

图10 中心城区空间结构规划图

图3.3 《北京城市总体规划（2016年—2035年）》中心城区空间结构规划图

图 3.4　《北京城市总体规划（2016 年—2035 年)》北京城市副中心空间结构规划图

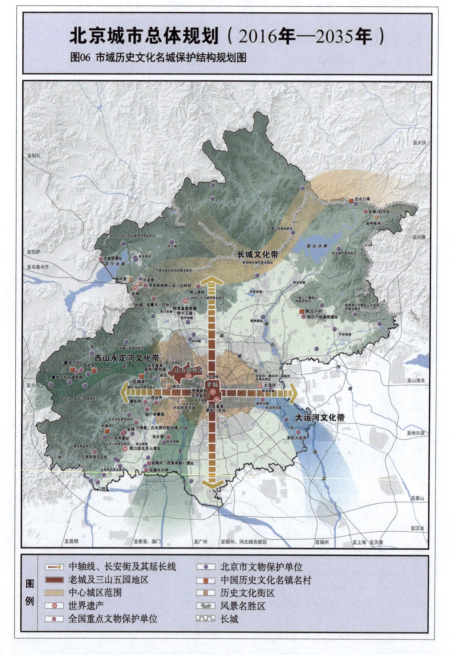

图 3.5 《北京城市总体规划（2016 年—2035 年)》市域历史文化名城保护结构规划图

是推进京津冀协同发展的重要区域。地理国情监测有助于多点地区集约高效发展，控制建设规模，提升发展水平和综合服务能力，使多点地区成为建设高新技术和战略性新兴产业集聚区、城乡综合治理和新型城镇化发展示范区。应用地理国情监测成果可以及时发现腾退集中建设区外的低效集体建设用地，建设城镇组团间的连片绿色生态空间。

"一区"指生态涵养区，包括门头沟区、平谷区、怀柔区、密云区、延庆区，以及昌平区和房山区的山区，是京津冀协同发展格局中西北部生态涵养区的重要组成部分，是北京的大氧吧，是保障首都可持续发展的关键区域。依托资源特色和发展基础，适度承接与绿色生态发展相适应的科技创新、国际交往、会议会展、文化服务、健康养老等部分功能，形成文化底蕴深厚、山水风貌协调、宜居宜业宜游的绿色发展示范区。通过地理国情监测指标体系中的林草覆盖、单体建筑、公共服务设施（养老和医疗）、风景名胜区等内容，摸清了生态涵养区内的资源分布并逐年更新，将多元化生态补偿机制作为促进山区可持续发展的重要保障，重点支持水资源保护、生态保育建设、污染治理、危村险村搬迁安置、基础设施和基本公共服务提升，切实改善乡村地区生产生活条件。

## 三、分区规划落地

在新版城市总体规划的引领下，政府规划管理部门如何牵头推进分区规划落地实施，规划落地实施到达了哪一阶段，目前规划是否科学合理，这三个问题成为各区级规划部门迫切需要解决的问题。

分区规划处于承上启下的关键位置，是对总体规划确定的目标、指标和任务进行的深化分解，是下层级编制控制性详细规划、乡镇域规划（国土空间规划）、村庄规划等规划的指导和依据。利用地理国情监测成果数据，积极探索基于总体规划背景的规划，实施经济成本与政府财力最大能力匹配测算，对推进分区规划的落地起到了关键性作用。利用地理国情监测成果中的单体建筑数据和全市分区规划中的减量地块范围，测算减量地块范围内国有住宅和国有非宅、集体住宅和集体非宅的建筑规模，同时扣除棚改区工程范围内的建筑量，通过二者相减得到减量区域内拆除房屋总量。基于历年建筑拆迁综合成本单价，测算全市减量区域内拆迁经济成本，然后与各区政府财政最大可支配财力进行匹配。分析成果有效支撑了全市各区分区规划的落地。

## 四、专项规划编制

为贯彻习近平总书记在中央政治局常委会会议审议《北京城市总体规划（2016 年—2030 年）》时的重要讲话精神，深化《北京城市总体规划（2016 年—2035 年）》关于加强浅山区生态修复和建设管控、浅山区生态修复与违法违规占地建房治理等要求，按照北京市政府要求"把浅山区建成首都城市建设发展的第一道生态屏障"和浅山区发展建设系列指示，利用地理国情监测相关要素成果，为《北京市浅山区保护规划（2017 年—2035 年）》的编制工作提供数据支撑。

## 五、城市体检评估

2017 年，习近平总书记在考察北京城市规划工作时提出了建立城市体检评估机制的指示。同年，中共中央、国务院《关于对〈北京城市总体规划（2016 年—2035 年）〉的批复》中要求北京"建立城市体检评估机制"。2019 年，中共中央、国务院《关于建立国土空间规划体系并监督实施的若干意见》中进一步明确要求"建立国土空间规划定期评估制度"。为此，北京市建立了"一年一体检，五年一评估"的常态化机制，旨在对总体规划实施情况进行实时监测、定期评估、动态维护，确保总体规划确定的各项目标指标得到有序落实。

北京市规划部门利用地理国情监测数据中的房屋建筑、学校、医院、社会福利机构、道路、交通场站等数据，通过矢量数据，统计试点范围内相关数据的数量及空间分布，经过空间叠加对比分析规划实施情况及存在的问题。通过丰台区人口和居住小区密度分析，发现丰台区人口分布不平衡，呈现东高西低、北高南低的特征。通过对石景山区教育资源的分析，发现教育资源主要集中在中部地区，外围区域明显不均衡。通过对石景山区交通情况的分析，发现五环外的交通小区职住失衡较为严重。

通过监测并分析北京市房屋建筑的土地权属、周边道路、绿化、公共服务设施等数据，对全市每年度房屋建筑在规模、功能结构、建设强度、违法建设腾退等方面的变化情况进行综合评估，分析房屋专题在落实新版城市总体规划中存在的问题，并对完善规划实施机制与政策保障措施提出建议。应用地理国情监测成果，基于"一年一体检"的方式，逐年对新版城市总体规划关于房屋建筑方面的落实情况进行跟踪、检查、评估，形成年度房屋建筑专题报告。通过年度体检，体现对过程的监督和评估，通过反馈，可及时纠偏，从而确保城市规划从图纸落实到城市建设的每个角落，维护城市规划的刚性和权威性。

地理国情监测成果在服务城市总体规划实施和第三方体检评估中起到至关重要的作用，为北京市开展"市—区—街道—社区"四级城市体检提供综合分析的数据基础。"市—区—街道—社区"四级城市体检示意如图 3.6 所示。

市级城市体检是对城市发展状况、城市总体规划及相关政策实施效果的监测、分析、评价、反馈和校正，以保障各项城市发展目标有效实现，对城市总体规划中确定的各项指标进行实时监测。在北京市地理国情监测工作的基础上，利用北京市地理国情监测成果，围绕大数据体检报告，基于地理国情监测数据对"水、林、田"各要素的现状及变化情况进行综合分析。利用地理国情监测成果，分析农作物种植的空间分布及其变化特征，从地理国情监测角度，分析变更调查耕地利用地类存在的现状问题，包括耕地斑块破碎化、非农化和非粮化，

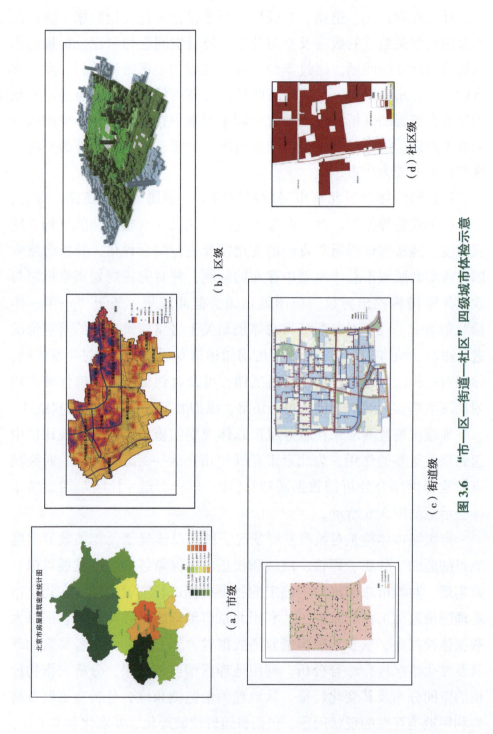

（b）区级

（d）社区级

（a）市级

（c）街道级

图 3.6 "市—区—街道—社区"四级城市体检示意

以及林田冲突问题，从布局优化、监管力度、监测预警、生态整治修复等方面对完善规划实施机制和政策保障措施提出建议。依托单体建筑数据对全市范围内的房屋建设情况，以及各城市圈层内建筑结构是否朝健康可持续的方向发展进行分析和评估，及时发现问题、反馈问题、解决问题，提出综合诊疗方案，为政府部门有效管理、规划城市提供决策依据。

区级城市体检主要是对各区分区规划在目前阶段是否完成，以及完成度情况进行分析与评估。实时、动态掌握最新、准确的地理国情数据情况，不仅能为区级城市体检提供准确的动态变化情况与数据成果，更是落实各区控制性详细规划以及行动计划建设控制工作的依据。采取完善规划实施机制、优化调整近期建设规划和年度实施计划等方式，确保分区规划确定的各项内容得到落实，并对规划实施工作进行反馈和修正。

街道级城市体检是依据地理国情监测相关成果，利用大数据空间分析测算出街道区域内养老设施、幼教设施、便民服务设施的配比是否均衡。针对街道面临的具体问题，提出具体建议，改善民生环境，提高人民幸福感。地理国情监测工作组与街道积极推进街区整理有关部署，以解决"城市病"问题为导向，探索落实新版城市总体规划背景下"城市体检+街区整理"治理新路径。

社区级城市体检主要职能为指导社区完成更新改造。随着城市体检工作逐步精细化，下沉至社区，与完整社区的建设要求相结合，精细落实，是目前城市体检工作重要的实践趋势之一。内容主要包括利用地理国情监测数据对基本公共服务设施是否完善、便民商业服务设施是否健全、市政配套基础设施是否完备、公共活动空间是否充足、物业管理是否全覆盖进行分析评估，帮助改善社区居住环境，提高居民幸福感。

## 六、小结

随着京津冀协同发展工作的推进，北京市向高质量发展阶段迈进，针对北京市地域特点和"消存量、控新生"的治理理念，科学定义自然资源内涵和调查监测目标，有利于北京市对城市空间进行合理规划。地理国情监测作为自然资源调查监测体系中的一项重要工作，反映了地表覆盖的自然资源变化情况。地理国情监测成果服务于北京市规划落地和自然资源管理等方面。依托地理国情监测历年成果，为北京市"一核一主一副、两轴多点一区"空间格局的形成提供了理论分析数据基础。

依托地理国情监测数据中房屋建筑、学校、医院、社会福利机构、道路、交通场站等数据为北京市进行"一年一体检、五年一评估"提供服务，有助于北京市非首都功能的疏解，加强城市规划治理工作，提升城市现代化治理水平，促进首都城市功能的结构优化，治理"大城市病"，为在全市范围内组织开展"疏解整治促提升"专项行动提供底图数据。在国内率先提出并实践了"市—区—街道—社区"四级城市体检，建立了按需监测、定期评估、动态调整的城市空间监测体系。

# 第四章　地理国情支撑首都
# 重大项目工程

## 一、概述

　　随着新版城市总体规划的落地，北京市的规划建设开始加大建设步伐。"十三五"时期，北京市委、市政府对新首钢地区工程建设、冬奥会和冬残奥会体育场馆、城市副中心和北京大兴国际机场等重大项目工程建设高度重视，研究发展思路，部署重点工作，扎实推进城市功能建设、冬奥会和冬残奥会服务保障、生态环境修复、产业转型升级等一批重点任务和重大项目，区域转型发展取得了新进展新成效。在重大项目工程建设中，地理空间基础数据可以有力支撑项目进展，利用地理国情监测成果中的地表覆盖、道路、水网等基础数据，可以有效展示项目实施进展，保障项目按期高质量完成。

## 二、新首钢地区工程建设攻坚重点项目

　　2020年是落实新首钢三年行动计划的第二年。为坚决贯彻习近平总书记视察首钢指示精神，落实北京市领导"双调研"提出的新要求，新首钢高端产业综合服务区发展建设领导小组办公室以深化落实三年行动计划为抓手，以钉钉子精神，集中集成力量攻坚，全面落实"四个复兴"各项措施。

　　为确保冬奥会筹办按期完成，确保三年行动计划目标实现，确保

首都西大门支撑能力显著增强，北京市新首钢高端产业综合服务区发展建设领导小组发布了《加快新首钢地区工程建设攻坚打造新时代首都城市复兴新地标实施方案（2020年—2022年)》。该实施方案围绕冬奥会保障、生态保障、工业遗存改造、市政基础设施建设、环境整治提升、产业转型升级、国际人才社区建设、居住环境改善、公共服务惠民、活力颜值提升等十大领域开展工程攻坚。

根据工作要求，以地理国情监测数据为底图，结合规划要求，制作相关图集、图册、挂图等，并且每一季度提供数据来更新挂图，有效保障了新首钢地区工程建设攻坚重点项目的完成。新首钢地区工程建设攻坚重点项目（2020年—2022年）示意如图4.1所示。

## 三、冬奥会和冬残奥会体育场馆建设

2022年北京冬奥会和冬残奥会北京赛区的国家速滑馆"冰丝带"，以及延庆赛区的国家高山滑雪中心和国家雪车雪橇中心等场馆的建设启动后，以地理国情普查监测成果为基础，为场馆和赛道的选址提供包括1∶500数字线划图、数字表面模型、数字高程模型、数字正射影像图、三维场景、全景影像等数据和技术服务，并动态监测场馆和赛道建设进展，为冬奥会和冬残奥会的规划、设计、建设提供技术支撑，为场馆规划和设计带来较好的经济效益和社会效益。

## 四、北京城市副中心重大工程建设

为有效推进北京城市副中心建设，基于地理国情成果的影像和道路、水系、公共服务设施等数据，制作了城市副中心影像图、行政区划图、路网分布图、水系分布图、学校分布图、医院分布图，以及城市道路审批图、统筹推进重大工程行动计划图等，为城市副中心重大项目的前期筹备和综合调度工作提供了数据基础和技术支撑。城市副中心重大项目专项行动示意如图4.2所示。

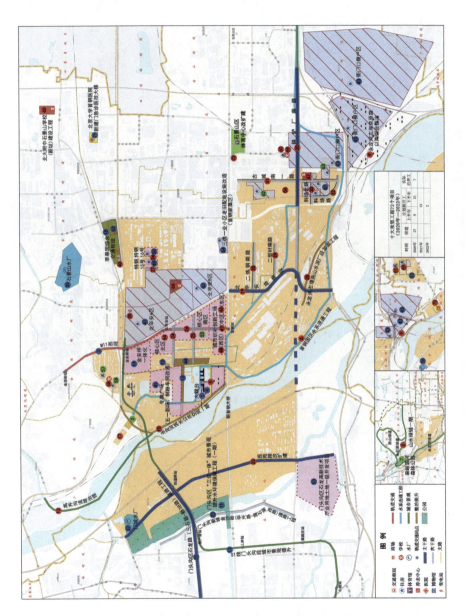

图 4.1 新首钢地区工程建设攻坚重点项目（2020年—2022年）示意

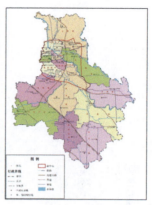

（a）通州区路网分布        （b）通州区水系分布        （c）通州区学校分布

（d）通州区医院分布        （e）北京城市副中心重大项目        （f）城市副中心道路建设审批
                                  分布（园林项目）

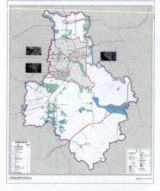
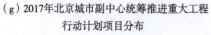

（g）2017年北京城市副中心统筹推进重大工程        （h）北京城市副中心园林项目分布
           行动计划项目分布

**图 4.2  城市副中心重大项目专项行动示意**

## 五、北京大兴国际机场建设

北京大兴国际机场的定位是大型国际航空枢纽、国家发展新的动力源、支撑雄安新区建设的京津冀区域综合交通枢纽。从开工初期，已开始利用地理国情普查和监测中的地表覆盖成果，随时监测新机场建设情况，掌握新机场建设最新动态。地理国情普查和监测工作为把控工程进展进度提供了数据支撑。北京大兴国际机场地表覆盖分类及变化分布如图4.3所示。

## 六、小结

地理国情监测成果在首都重大项目工程建设进程中发挥了重要空间信息基础作用，对工程实施进展、三维模型展示、项目空间落图等提供了基础数据和技术服务，为政府决策提供了客观、有效、精准的技术支撑。

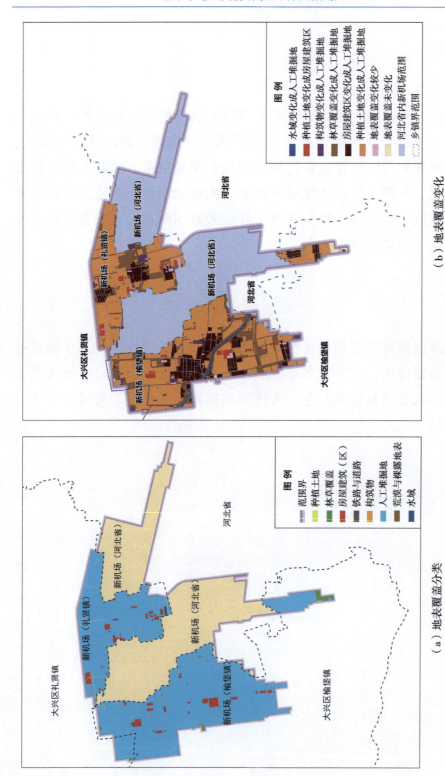

（a）地表覆盖分类

（b）地表覆盖变化

图 4.3　北京大兴国际机场地表覆盖分类及变化分布

# 第五章　地理国情推动城市精细化治理

## 一、概述

　　随着京津冀协同发展的推进，城市向高质量发展迈进，因此对城市空间的治理要满足精细化管理需求。城市空间作为城市减量提质发展的空间场所，其外在形象就能直观反映城市减量提质的内涵。党的十八大以来，北京市深入学习贯彻习近平总书记多次视察北京重要讲话精神，在坚持首都城市战略定位、有序疏解非首都功能、规划建设城市副中心、推动京津冀协同发展等全局性、战略性问题上，提高了思想认识，把城市治理放在十分突出的位置。

　　城市精细化治理是有效解决"大城市病"的基础手段。地理国情普查和监测作为空间监测的基础内容，其成果为空间治理提供了客观、翔实、准确的数据支撑。应用地理国情成果可以有效助力违法建筑治理、逾期临建摸底、棚户区改造、环境整治等相关工作。

## 二、违法建筑治理

　　随着我国城市化进程不断加快，违法建设大量涌现，已成为困扰城市管理和行政执法部门的一大顽疾。

　　从 2013 年起，北京市启动全市严厉打击违法用地违法建设专项行动，并制订年度计划，纳入各级领导班子年度绩效考核体系。市级和区级执法相关部门通力合作，利用北京市地理国情普查和监测数据以及其他相应参考资料，提取全市和分区违法房屋建筑数据，与北京城市规划用地数据进行匹配和比对，掌握了全市违法用地、违法建筑的总量和空间分布情况，有效地解决了违法用地、违法建筑底数不清的问题。

同时，利用 2015 年地理国情普查数据，基于卫星街景历史影像数据核查全市建筑增量，基于影像纹理，监测分析北京市疑似违法建筑总量，协助北京市相关部门制订每年拆除房屋规模的年度计划，违法建筑提取分析如图 5.1 所示。

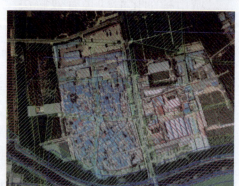

图 5.1　违法建筑提取分析

　　为深入推进违法建筑治理工作，转换工作理念，2018 年底北京市提出创建"基本无违法建设区"工作任务。"基本无违法建设区"不是指实现创建区域内不存在违法建设，而是指：各区、开发区通过创建行动对存量违法建设完成系统的梳理；对纳入督察、执法台账的存量违法建设按照要求实现整改；其余存量违法建设的消减按照规划引领的要求，治理成效达到市级验收评价指标体系的要求；对暂时无法消除违法状态的项目，制定切实可行、科学有效的长效管控机制和闭环监督责任体系；新生违法建设实现动态清零；因违法建设形成的"城市病"得到缓解；在违法建设治理方面形成示范效应。该项工作是拆违专项的延续和深化。

　　2019 年 7 月，北京市政府召开疏解整治促提升专项行动工作调度会议，会议明确关于"基本无违建区、街道（乡镇）"创建工作，要严格把关，由相关责任单位结合全市存量建筑筛查工作，对所有存量和新增违法建设进行挂账督办，同时要坚持正确导向，严把创建标准，按照实事求是、依法依规、先易后难、分类推进的原则，指导各区做好违法建设清理整治及相关创建申报工作，确保创建质量。同时要求在创建过程中，不轻易放宽标准，坚决防止大量违法建设借创建工作实现合法化。

　　基于创建目标，在技术层面充分利用北京市 2019 年地理国情监测成果中的单体建筑数据和遥感影像数据，结合市区两级收集提交的举证材料，按照内外业结合的方式，遵循从严从紧、"内外"结合、严谨科学、全面覆盖的原则，开展全市存量违法建设核查举证市级核查工作。

　　对有证类、待完善类、其他类房屋建筑台账数据进行 100% 核查，针对不同的类别核查重点有所侧重。对有证类，主要核查房屋建筑的空间位置是否匹配，楼层、占地面积差异情况，以及建筑的用途。对待完善类中公共公益类项目，主要从项目的实际用途进行核查，待完善其他类别主要核查项目是否有相关手续文件。对其他类，主要对不在底图范围内的数据进行纠正处理。

为保障审核工作的严谨性和科学性，对每一条台账实行多级管控，包括初审、复审和质量检查，人员主要由生产部门、主管质量部门相关人员构成。为保障审核工作的可追溯性，对台账信息实行审核"留痕"工作，即对台账审核信息打印签字后存档，保障每一条台账都有管控人员签字审核，形成审核确认单。全市存量违法建设核查举证市级核查技术流程如图 5.2 所示。

到 2020 年，北京市政府为有效把控拆违工作方向，将规划引领纳入创"无违建"工作中，实施《北京市创建"基本无违法建设区"三年行动计划（2021 年—2023 年)》，继续深入推进城市空间治理工作。

## 三、逾期临建摸底

2017 年—2020 年，北京市在全市范围内组织开展"疏解整治促提升"专项行动，对逾期临建现象进行全面调查分析，形成治理措施，促进城市建设和社会健康发展。

从实际需求出发，基于地理国情普查中的单体建筑成果，套合规划部门临时建筑相关审批手续，根据房屋空间特征，比对审核证件，对历史逾期临建进行全面梳理，形成一套专业的调研技术方法，并在北京市城六区范围内开展调查，为逾期临建治理相关工作的实施和管理提供一定的技术参考。该项目摸清了城六区 2.8 万栋 1984 年—2002 年逾期临建拆除情况及现状分布情况，为工作顺利完成提供了保障。

## 四、棚户区改造

《北京城市总体规划（2016 年—2035 年)》要求推进城镇棚户区改造和老旧小区综合整治，完善棚户区改造政策，改善居民居住条件。积极推进中心城区危旧房改造、简易楼拆迁、城中村边角地等的整治

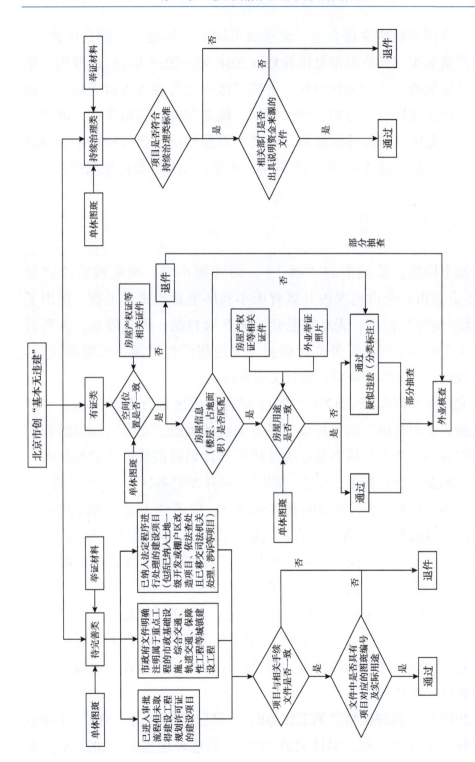

图 5.2 全市存量违法建设核查举证市级核查技术流程

改造。全面开展城乡接合部、北京城市副中心等地区的棚户区改造。本着严格落实《北京城市总体规划（2016年—2035年)》的原则，坚决维护规划的严肃性和权威性，将棚户区改造与各区人口规划、土地利用、产业发展一体考虑，同步规划，统筹实施。利用北京市地理国情监测数据中的单体建筑数据，精确梳理简易房、棚房和城中村等现状数据，为城六区2018年—2020年三年重点棚户区改造保驾护航。

## 五、背街小巷环境整治

城市风貌，是城市的"面子"，而背街小巷，则是城市的"里子"。北京市在全市范围内开展背街小巷环境整治提升工程，提出了"十无一创建"标准：无私搭乱建，无开墙打洞，无乱停车，无乱占道，无乱搭架空线，无外立面破损，无违规广告牌匾，无道路破损，无违规经营，无堆物堆料；创建文明街区。

北京市如何实现2017年—2019年各行政区数万条背街小巷"环境优美、文明有序"的目标成为各方关注的焦点。北京市利用地理国情普查成果为全市背街小巷环境整治提升计划提供数据基础和技术支持，梳理全市所有街道、小巷、胡同名录并发至各区，对16区的225个街乡镇、1.3万条街巷胡同及其他道路，按照"十无"标准建立任务台账，以前整治达到标准的要巩固，没有达到标准的要编入台账，重新进行整治提升。同时，各区也制定了具体实施方案，明确时间节点，落实街道责任，倒排施工工期，等等。

对于如何监督考核环境整治这个问题，地理国情监测工作具有得天独厚的优势，在协助打造文明示范街巷的同时，还会依据历年监测成果对环境整治进行督导检查，以分析评价报告的形式，对整治后的区域进行二次核查。

2017年，地理国情监测工作协助东城区启动"百街千巷"环境整治提升三年行动计划，累计完成1175条街巷环境整治。2021年，东城区新一轮背街小巷环境精细化整治提升三年行动计划进入第二年，339 条背街小巷列入任务清单，从修复坑洼路面到无障碍设施改造，从停车秩序管理到增加休憩空间，一系列惠民利民措施在街巷中相继实现。东城区在落实背街小巷精细化长效管理机制的同时，着力集中连片打造更多示范片区，努力为人民群众创造环境优良、生活便利、文化彰显的城市环境，不断提升人民群众的获得感、幸福感、安全感。

2017 年—2019 年，西城区共拆除违法建设近 60 万平方米，治理开墙打洞 6000 多处，新增百姓生活服务中心近 30 个、菜店和便利店 120 多个、口袋公园 50 多处，阅读空间达到近 60 个，公园绿地 500 米服务半径覆盖率达 97.18%，1125 条背街小巷完成达标任务，110 条街巷被评为"首都文明街巷"。根据当时计划，西城区要在 2021 年底前完成 1125 条背街小巷以精致和达标为目标的精细化整治提升任务，同时积极做好 100 条维护类背街小巷环境整治提升工作，西城区背街小巷整治作业区如图 5.3 所示。

## 六、全市低密度住宅整治

2018 年 9 月 26 日，北京市政府发布了《北京市新增产业的禁止和限制目录（2018 年版)》。其中，重点强调全北京市范围内禁止新建容积率小于 1.0 的住宅项目，更明确说明禁止建设独户独栋类房地产项目。应用地理国情单体建筑数据，为低密度整治项目提供基础数据及空间数据。通过逐年更新监测，计算每一栋市域范围内新增单体建筑的容积率，为全市低密度住宅整治工作提供针对性的技术路线（图 5.4）。

通过全市摸排，查处了大量问题住宅，并开展整治工作。对位于水源保护区、自然保护区和生态保护红线范围内的问题住宅，按照问题严重程度分别制定整治措施，确保整改到位。

图 5.3 西城区背街小巷整治作业区

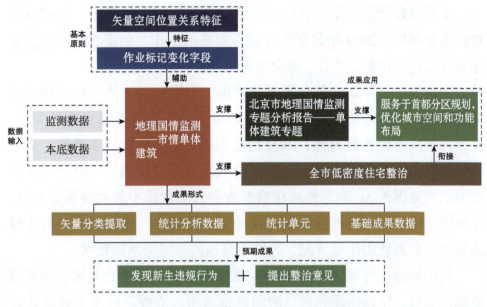

图 5.4　全市低密度住宅整治工作技术路线

## 七、城市绿地监管整治

北京城市绿地管理曾经存在以下三个方面的问题。

一是绿地认建认养暗箱操作，存在权力寻租问题。绿地认建认养权获取方式不够透明，存在权钱交易、利益输送现象，围圈绿地建"私家领地"、改变绿地用途建经营场所、未批先建和违建超建、荒养弃养绿地等问题出现。

二是公园配套用房出租依规不严，管理混乱。北京市某区下属十余家差额拨款或自收自支事业单位，存在多处公园配套用房未经审批对外出租，未执行"收支两条线"，有的出租金额长期未按照市场价值核算，极大损害了国家和集体利益。

三是落实"两个责任"不力，政治生态遭到严重破坏。有关监管部门失职失责，对反映绿地认建认养和公园管理用房出租中的违规问题整治力度不够，造成恶劣社会影响。

　　上述问题严重违反党中央对北京城市总体规划的要求，破坏城市自然生态环境。2019年北京市开展专项整治工作，制定工作方案，坚定有序推进促改整治工作，健全监管机制。

　　为有效提升首都绿色生态系统功能，建设以绿为体、林水相依的绿色景观系统，增强游憩及生态服务功能，重塑城市和自然的关系，让市民更加方便亲近自然，需要构建多类型、多层次、多功能、成网络的高质量绿色空间体系，北京市市域绿地系统规划——绿化系统规划图示意见图5.5。利用地理国情普查和监测数据中的地表覆盖数据，获取历年城区绿地及拆迁区域覆盖动态变化情况，分析老城区城市绿地及拆迁空地使用建设情况，为城市绿地监管提供基础数据。

　　利用地理国情地表覆盖数据，通过建立整改台账的方式，彻底摸清绿地底数。坚持问题导向、靶向思维，深入调查了解全市绿地认建认养和公园配套用房出租现状，掌握侵害群众利益问题实情，做到情况明、数字准。通过调阅档案资料和实地走访调研，确定全市签订有效期内认建认养协议数量和公园配套用房出租合同数量。以监察建议指出的问题为重点，逐一深入排查，建立整改台账，通过拉网式排查、多部门联合审查、多批次反复核查，确定绿地认建认养问题数量和公园配套用房出租问题数量。在此基础上，研究确定整治重点，细化整改措施和工作期限。对认建认养绿地上建停车场、公园绿地中合作建设项目等10类共性难点问题，以及多个"一事一议"重点难点问题，明确整改原则和方案。对需持续整改的剩余问题，逐类明确后续整改路径和完成时限，确保整改到位。

　　地理国情监测工作协助公共绿地回归公益属性。规划好、建设好、保护好城市公共绿地，目的是把最好的资源留给人民，让居民不出城而获山水之怡，身居闹市而得林泉之趣。通过专项整治，重新规范绿地认建认养协议制度，向公众开放围圈绿地，拆除多处违法建筑，恢复绿地，重新归属居民休闲娱乐，重新规范签订公园配套用房出租合同，把拆除违建、环境复绿等工作落到实处，使公共绿地成为市民休

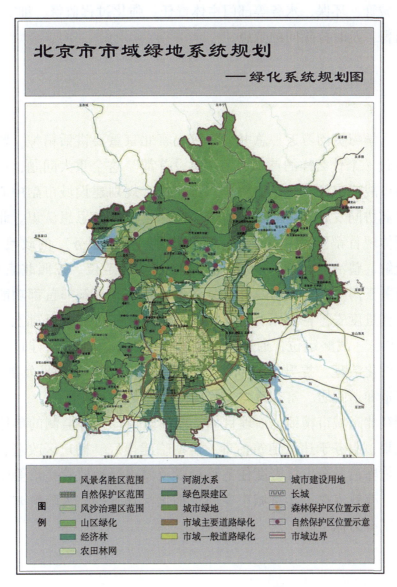

**图 5.5 北京市市域绿地系统规划——绿化系统规划图示意**

闲、娱乐、户外活动的公共场所，展现建设绿色城市、共建共享美好家园的现代理念。实现高效治绿、精益治绿，彰显城市治理精细化水平。在整治过程中充分发现问题，修改完善相关制度规定，围绕绿地认建认养、公园配套用房出租、队伍作风建设等方面，逐级压实园林绿化、城管、环保、水务等部门主体责任，强化过程监督、细节监督、效果监督，及时排除问题隐患。

## 八、小结

深入学习贯彻习近平总书记两次视察北京重要讲话精神，紧紧围绕"建设一个什么样的首都、怎样建设首都"这个重大问题，在坚持首都城市战略定位、有序疏解非首都功能、规划建设城市副中心、推动京津冀协同发展等全局性、战略性问题上，提高思想认识。北京市的规划体现首都坚持"四个中心"、履行"四个服务"的政治责任，通过疏解、整治、提升、发展来实现首都功能定位。按照北京市委、市政府关于落实北京城市总体规划的要求，以及疏解非首都功能专项行动工作进度安排，在原有"拆既有、控新生"的工作基础上，立足"四个中心"战略定位，通过全面清查治理违法用地违法建设，推进城市精细化治理，提升首都功能、人居环境、城市品质、发展水平，努力打造和谐宜居、富有活力、各具特色的现代化城市。

围绕北京城市精细化治理目标，地理国情普查和监测的单体建筑数据成果，服务于违法建筑治理、逾期临建摸底、棚户区改造、背街小巷环境整治及全市低密度住宅整治以及城市绿地监管整治等多项专题工作，有效支撑了北京城市空间精细化治理管控，为疏解非首都功能提供了有力抓手。

# 第六章 地理国情提升
# 首都生态文明建设

## 一、概述

　　自党的十八大以来，国家特别关注生态文明建设。国土生态空间是人类生存发展的物质基础。紧密联系国土生态空间开展监测分析，是推动新时代高质量发展的必然要求。综合来看，我国在政治、科技、经济等很多方面的发展已进入世界前列，但受制于历史发展中的主要矛盾变化，生态文明建设起步较晚，是相对较薄弱的环节。因此，作为中国首善之区的北京，在新时代背景下，需要紧抓转型发展、提质增效的战略机遇期，在全国生态文明建设的关键攻坚战中起到良好的示范作用。而作为培育空间信息化土壤的测绘地理信息行业，更肩负着为平衡生态文明建设与自然资源利用关系保驾护航的时代使命。

　　为了支撑北京市构建富有时代特点和首都特色的生态空间格局，同时立足自然资源管理转型发展的新阶段，需要有急有缓，在原有的基础上，协调串联、深耕创新，统筹出更加完善的生态体系、更加复合的生态功能、更加精细的管理机制。北京市地理国情普查和监测以地表覆盖为对象，以要素属性为单元，客观、真实、准确地反映了自然资源家底。通过"国情监测+"的方式，可以对生态资源进行摸底、风险识别、生态评估、实施监督、空间管控、系统治理等工作，为生态文明建设实现全流程系统支撑。

## 二、城市生态用地督查

为贯彻落实习近平总书记关于京津冀协同发展、搞好生态环境保护的重要讲话精神，国家用地督查相关部门开展调查核查京津冀生态功能用地工作。工作开展之前，存在疑似违法用地现状不明确、底数不清，违法时段模糊，乡镇上报台账与空间数据不关联等问题。项目基于地理国情数据完成北京生态功能用地督察、核查任务，对北京市生态功能用地疑似违法进行时间、空间一体化分析核查。生态用地督查系统界面如图 6.1 所示。

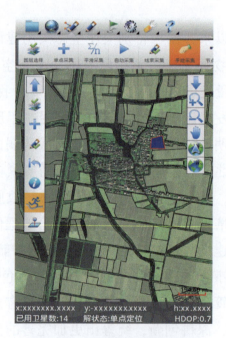

**图 6.1　生态用地督查系统**

通过对疑似违法范围叠加地理国情现状数据进行统计分析，分析范围内哪些用地符合生态功能，哪些用地不符合生态功能，从而为违法用地嫌疑提供线索。

图 6.2 是 2017 年生态功能用地疑似违法图斑现状分析图。通过

对疑似违法用地（非生态功能类型）在 2012 年、2015 年、2017 年
三个年份的分析，精准计算违法过程。例如，在第一轮平原造林
（2012 年—2016 年）过程中，通过对种植土地和林草覆盖的分析，判
断哪些地块在 2012 年为非林地，在 2015 年为林地，然后在 2017 年又
变成非林地，这样就可以确定违法时间是 2016 年至 2017 年。

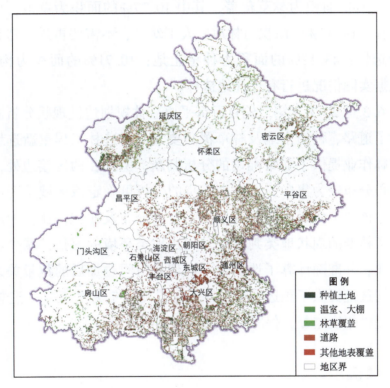

**图 6.2　生态功能用地疑似违法图斑现状分析（2017 年）**

　　该项工作从空间和时间两个维度为生态功能用地的核查提供了准
确的现状判断，并客观评价了第一轮平原造林工程的成效，推进了北
京生态文明建设。

## 三、新一轮百万亩造林

　　为落实《北京城市总体规划（2016 年—2035 年）》，北京市委、

市政府决定开展新一轮百万亩造林绿化工程。根据对新一轮百万亩造林绿化选址工作的有关要求，利用 2017 年地理国情监测成果数据，对新一轮百万亩造林选址范围进行现状分析。

应用 2017 年地理国情监测成果数据，提取新一轮百万亩平原造林规划选址范围内的地表覆盖分类数据进行数据现状分析。分析结果显示：30.12%的面积为林草覆盖，其中 10.77%的面积为草地，可进行造林工程，19.35%的面积为林地或人工幼林，不需要再进行造林，需要重新选址；43.12%的面积为种植土地；10.71%的面积为构筑物，需要根据实际情况进行有选择地造林。

图 6.3 是 2017 年第二轮百万亩平原造林规划选址现状分析图，重点显示了道路、种植土地及林草覆盖要素，为造林工程重新选址及下一步造林作业提供了非常准确的分析判断。例如在两区接边处，其他地表覆盖分布较为集中，通过进一步的分析可确定该区域是否可以进行造林。该项工作通过分析各地类的空间分布及面积占比，为造林工程提供了精准的现状地类判定以及周边地类环境的评估，减少了外业核查工作，并准确计算了选址与不同现状空间叠加后的数量关系，为造林空间选址提供了预选方案。常态化监测更是为"五年一造林"工程落实提供年度监督，保障首都的生态文明建设。

## 四、生态保护红线优化

2018 年 7 月，按照中共北京市委、北京市人民政府《关于全面加强生态环境保护坚决打好北京市污染防治攻坚战的意见》以及《北京市生态保护红线划定方案》有关规定，2019 年底前除东城区、西城区外的北京市 14 个区政府要完成生态保护红线勘界定标工作，2020 年 6 月底前完成红线内土地利用调查工作。

基于高分辨率遥感影像、地理国情监测数据、自然保护区数据等多源数据整合与处理，对北京市生态保护红线进行边界校核，针对校核过程中的重点图斑、重点地块开展外业调查与核查，最终完成生态保护红线精准落图、落地。

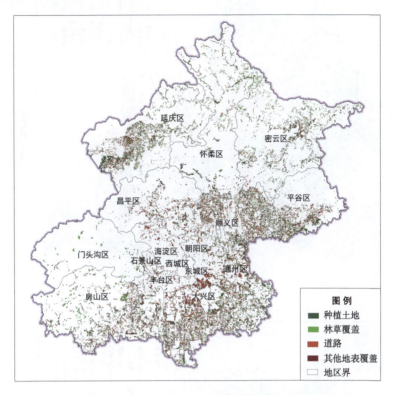

图 6.3　第二轮百万亩平原造林规划选址现状分析（2017 年）

## 五、自然生态空间变化监测分析

基于 2007 年和 2015 年两期地表覆盖和地理要素数据成果，对 2007 年和 2015 年两个监测时段的自然生态状况及其变化情况进行基本统计分析（图 6.4）。以地理国情普查和监测成果为基础，服务于自然生态空间变化监测分析，对重点区域的人流、车流和空气质量进行动态监测并进行可视化表达，为人口疏解、交通改善与环境整治提供决策支持。

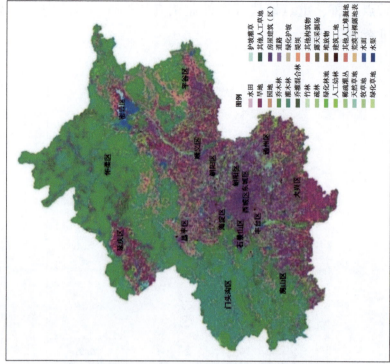

（b）2015年

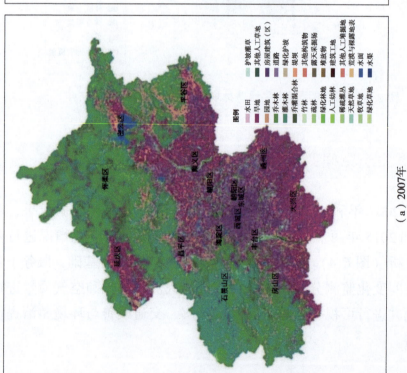

（a）2007年

图 6.4 自然生态空间变化监测分析

## 六、自然岸线识别

　　为落实首都城市战略定位，提升生态文明建设水平，统筹山水林田湖草整体保护，扎实推动生态保护和绿色发展，北京市持续开展自然生态空间生态建设调查与评估工作。基于地理国情监测数据，按年度采集和监测 2021 年全市 425 条河流、88 座湖泊、42 个水库的水系岸线的空间数据，选取典型的河流、水库和湖泊开展生态岸线状况外业实地调查，生成北京市岸线监测成果，北京市水域岸线分布如图 6.5 所示；总结针对特大城市岸线识别的原则、技术流程等内容，制定有关水体岸线遥感识别的地方标准，将自然岸线保有率纳入《2021年北京市生态环境状况公报》。

**图 6.5　北京市水域岸线分布**

## 七、矿山修复治理

　　基于地理国情监测成果对北京市年度矿山修复治理项目进行跟踪监测。分析矿山修复治理项目内地表覆盖地类变化情况，研判矿山修复治理的景观成效及社会经济效益。利用月度遥感卫星影像，探索研发机器学习的变化发现软件，及时跟踪监测矿山修复治理项目的实施进展。研究矿山修复效果专题评估和矿山自然修复适宜性专题评估。图6.6所示为北京市矿山修复治理项目监测示例。

（a）平谷区东高村镇东高村石料场治理项目

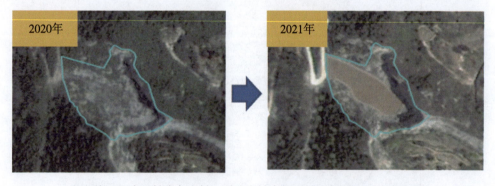

（b）密云区密云镇李各庄村、溪翁庄镇东智西村石灰岩矿矿山治理项目

**图6.6　北京市矿山修复治理项目监测示例**

## 八、生态安全格局规划实施

为贯彻落实生态文明建设的国家战略，深化北京市新版城市总体规划的生态战略部署，完善非建设空间规划体系，北京市规划和自然资源委员会组织编制了《北京市生态安全格局专项规划（2021年—2035年)》，2022年5月由北京市人民政府正式印发。

围绕规划落地实施，面向生态安全格局业务框架，基于地理国情监测数据，研究生态安全格局监测评估内容与指标，为基于自然资源调查监测体系下的生态安全格局监测评估体系的构建、数字生态体系的建设，以及生态安全格局规划实施的有效落地提供支撑。

## 九、双碳战略、垃圾分类等应用探索

北京市于2012年实现碳达峰（1.36亿吨），之后基本呈下降趋势，但目前碳排放总量仍然远远大于碳汇量。将地理国情监测数据作为北京市碳汇空间本底，可进行垃圾分类、光伏建筑一体化等减碳及山水林田湖草湿汇碳分析，研判北京市国土空间减碳汇碳能力现状情况，挖掘城乡一体化发展中减碳汇碳的潜能。

例如，对可加装光伏的建筑物（顶部、外立面）数量进行基础统计，计算可发电量，反推可减排量；对可进行生态修复的矿山、堆放物、堆掘地以及现有山水林田湖草湿分布进行汇碳量分析；叠加减碳汇碳的总潜在能力，对现有垃圾分类基础设施现状及年度变化进行分析，结合调研管理需求，探索政府、社会、公众、企业等主体在垃圾分类投放、收集、运输、处理等各环节如何统筹技术、资金、教育、宣传，合力支撑、协力推进，推动建立垃圾分类基础设施空间数据库，为日后稳步叠加串联各方面流程及管理服务体系打牢基础。

## 十、京津冀重点大气颗粒污染源评估

2013 年 9 月 17 日，环境保护部、国家发展改革委等六部门联合印发《京津冀及周边地区落实大气污染防治行动计划实施细则》。部分科研单位对京津冀地区大气污染源进行过解析。本次工作利用地理国情普查和监测数据，收集北京市重点污染企业数据并落图，在已有成果基础上，利用高分辨率遥感影像，重点开展了扬尘地表面污染源和重点工业企业污染源监测。该成果为京津冀地区大气污染治理和生态文明建设提供了可靠的数据支撑和技术保障。

## 十一、"留白增绿"监测

生态安全是国家安全的重要组成部分，也是城镇永续发展的基石。打造未来中国城镇，共创美好生活，必须未雨绸缪，统筹考虑全球气候变化、极端天气频发等不利因素。"留白增绿"，培植更多的生态空间和绿色屏障，以较低的经济成本和自然再生的方式，不断增强中国城镇应对气候变化的韧性。基于自然的应对方案，有助于解决许多时代难题，包括更好地面对气候变化、夯实粮食生产能力、降低城镇运营成本、减缓夏季热浪冲击以及促进经济长期稳健成长等。

城镇化是我国主要的内需潜力和发展动能所在。各级部门应当协同发力，因地制宜，保持生态文明建设的战略定力，那么，一座座"看得见山、望得见水、记得住乡愁"的宜居之城就未来可期。久而久之，将大大提升我国高质量发展水平和应对全球气候变化治理能力，也将为人类家园擘画更加绿色美好的未来。

习近平总书记视察北京时指出，应多留点绿地和空间给老百姓。政府应在中心城区腾退出来一些空间，要适当"留白增绿""见绿插绿"，让老百姓切实享有惬意生活休闲空间。北京落实习近平总书记重要指示精神，不断深化对"留白增绿"的认识，因地制宜，全面推进"留白增绿"工作。基于地理国情普查和监测数据对首都核心区范围进行绿地变化动态监测和分析，为"留白增绿"工程提供数据支撑（图6.7、图6.8）。

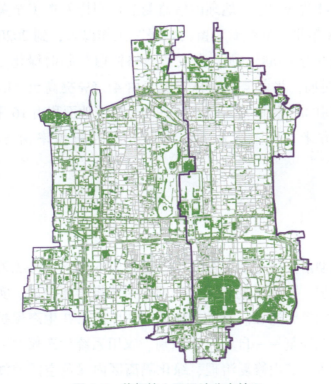

图6.7　首都核心区绿地分布情况

图6.8　绿地分布实景

　　"留白增绿"是 2018 年—2020 年"疏解整治促提升"专项行动任务之一。北京坚持因地制宜、生态优先、以人为本的城市建设原则，全面推进"留白增绿"工作，将腾退出来的土地尽可能地实现"留白增绿"，让北京市民可以生活在一片绿色的美景之中。

　　对于后续监管问题，地理国情监测工作同样发挥了至关重要的作用。自 2018 年北京市实施"留白增绿"工作以来，到 2020 年底，北京市共完成绿化 4568 公顷，完成"战略留白"临时绿化 2387 公顷。"十三五"时期，北京全市森林覆盖率由 41.6% 提高至 44.4%，城市绿化覆盖率由 48% 提高至 48.9%，人均公园绿地面积由 16 平方米提高至 16.5 平方米，公园绿地 500 米服务半径覆盖率由 67.2% 提高至 86.8%。

## 十二、小结

　　深入贯彻落实习近平生态文明思想的根本要求，将统筹山林田湖草沙整体保护、系统修复和综合治理作为建设美丽中国、实现人与自然和谐共生的重要途径。目前，地理国情监测已在生态保护红线优化评估、水生态修复——自然岸线识别、农田系统生态修复——耕地破碎化程度分析、矿山修复治理、绿化隔离区内绿色空间监测、自然保护地人类活动分析等方面发挥了重要作用。北京市地理国情成果将继续在生态安全格局、"双碳"国土空间碳中和、生态系统碳汇能力分析、垃圾分类基础设施分析等方面探索应用前景，为实现首都历史文化与自然生态永续利用、与现代化城市交相辉映愿景提供支撑。

# 第七章  地理国情保障
# 国家基础普查

## 一、概述

近年来，随着国家的快速发展，基础设施不断完善，各项数据都在迅速发生变化，要想详细调查某项重要的国情、国力，务必专门组织一次性大规模的全面调查，主要用来调查不能够或不适合用定期全面的调查报表来收集的资料，来搞清重要的国情、国力。

在国家层面上，有多个调查项目，包括经济普查、农业普查和人口普查等国家重大基础性普查项目，也包括国土调查、地理国情普查、地名普查、风险普查等专项普查。

而北京市地理国情普查和监测数据，由于其数据丰富、覆盖面广、更新周期较短等优势，近些年已为多项国家和北京市重大调查项目提供了数据和技术支撑。

## 二、第七次全国人口普查

第七次全国人口普查是在中国特色社会主义进入新时代开展的重大国情国力调查，目的是全面查清中国人口数量、结构、分布、城乡住房等方面情况，为完善人口发展战略和政策体系，促进人口长期均衡发展，科学制定国民经济和社会发展规划，推动经济高质量发展，开启全面建设社会主义现代化国家新征程，向第二个百年奋斗目标进军，提供科学准确的统计信息支持。

北京市地理国情普查和监测数据提供大数据支撑，其中房屋建筑数据尤其是具有居住功能的房屋建筑数据是其重要的底图、管理载体和统计分析单元。

## 三、北京市第三次全国国土调查及标准时点核准工作

国土调查为自然资源调查监测中最重要的基础性调查工作，现行的多项任务，都是将其作为底图进行补充完善。地理国情监测为自然资源调查监测中重要的专题监测工作，由于其现势性较高、分类较细等优点，已为北京市第三次全国国土调查及标准时点核准工作提供了数据和技术支撑。地理国情监测的地表覆盖数据与国土调查的地类图斑数据既有区别也有联系，为国土调查数据提供参考及检查依据。

## 四、北京市第二次全国地名普查

地名普查是一项公益性、基础性的国情调查。开展地名普查，加强地名信息化服务建设，为社会提供全面准确的地名信息，有利于更好地维护国家主权和领土完整，巩固国防建设，促进社会交流交往，方便人民群众生活，提高政府管理和服务能力，促进经济社会科学发展，推进中国特色社会主义建设。

2014 年 7 月，国务院启动了第二次全国地名普查工作，这项工作一直持续到 2018 年 6 月。北京市实施了第二次全国地名普查，进一步摸清了地名文化遗产。以北京市地理国情普查的数据资料、技术路线、外业调绘装备、软件系统等研究成果为基础，北京市顺利推进地名普查工作，开展了全市普查成果质量监理。

## 五、北京市第一次全国自然灾害综合风险普查

为全面掌握北京市自然灾害风险隐患情况，提升北京市抵御自然灾害的综合防范能力，北京市开展了第一次全国自然灾害综合风险普查。通过开展普查，客观认识了北京市自然灾害综合风险水平。此次普查为有效开展自然灾害防治工作，切实保障经济社会可持续发展，提供了权威的灾害风险信息和科学决策依据。

本次普查涵盖与自然灾害相关的自然和人文地理要素。生活环境中可能存在的地震灾害、地质灾害、水旱灾害、气象灾害、森林火灾等自然灾害致灾因子，房屋、基础设施、公共服务系统等单体信息和区域性特征，重点企业抵御灾害能力，各级各类组织机构和家庭的综合减灾能力，都是这次普查的对象。

在此次普查工作中，充分利用了北京市地理国情监测成果中的地表覆盖、单体建筑等数据。这些数据为自然灾害风险普查工作提供了翔实的底数，节省了大量的工作时间，支撑全市自然灾害综合风险与减灾能力评估，为非常态应急管理、常态灾害风险分析、防灾减灾、空间发展规划、生态文明建设等各项工作提供了基础数据和科学决策依据。

## 六、小结

北京市地理国情监测已在多项国家重大调查项目中充分发挥了自身的数据优势和技术优势，产生了不可估量的经济效益和社会效益。未来，在其他重要的调查项目中，亦可发挥重要的作用。例如，在第三次全国土壤普查中，地理国情监测数据中的地表覆盖数据，可为土壤普查提供基础底图；在森林资源调查和水务调查中，地理国情监测数据中的林草数据和水域数据，可直接服务调查工作。

# 第八章　地理国情深化数据内涵价值

围绕新版城市总体规划实施与评估、非首都功能疏解、城市副中心建设、京津冀协同发展等重大战略、重点规划、重点工作等，基于地理国情常态化监测数据成果进行统计分析，最终形成一系列专题报告，支撑北京市更好地开展工作任务。辅助北京市政府紧扣全面建成小康社会目标任务，突出打赢新型冠状病毒感染疫情（以下简称新冠疫情）防控阻击战，推动经济高质量发展，提升城市治理能力，保障和改善民生目标导向，更好助力经济社会发展和改革攻坚任务，为建设国际一流的和谐宜居之都提供更加及时有力的数据支撑和保障工作。

## 一、概述

北京市于 2016 年完成全市地理国情普查工作，2017 年—2020 年连续四年完成了全市地理国情常态化监测的年度更新工作。2021 年北京市地理国情监测围绕自然资源部"两统一"职责履行，在自然资源统一调查监测评价框架下，以第三次全国国土调查及 2020 年变更调查成果为底版，以 2021 年 6 月 30 日为时点，监测并掌握林草覆盖、城市要素、人工建（构）筑物的类型、面积、范围、分布和变化情况，以满足国土变更调查、耕地保护、国土空间规划实施监督、用途管制、权益管理、生态保护修复、督察执法、林草湿保护等自然资源管理和生态文明建设需要。

　　基于地理国情监测的数据成果，针对北京城市规划建设与管理、自然资源管理领域关注的重点问题，地理国情监测统计分析报告逐步形成了"1+N+16"的成果体系，即 1 个主报告（北京市地理国情监测及对比分析报告），以及系列专题（包括房屋建筑专题、房屋增减变化专题、城市空间格局变化专题、山水林田湖草专题、交通专题、新冠疫情专题、重点生态空间变化专题等）报告，16 个分区（含首都功能核心区及北京经济技术开发区）报告。

## 二、房屋建筑专题

　　房屋建筑是北京市地理国情监测的重要内容。房屋建筑数据基于优于 1 米分辨率的遥感影像采集房屋单体数据，同时结合地形图、房屋矢量数据制作而成，采用内外结合方式获取。房屋建筑以栋为最小采集单元，根据东西城 1∶500 比例尺、平原区 1∶2000 比例尺、山区 1∶10000 比例尺和 0.5 米航空影像以及北京市住房和城乡建设委员会房屋数据，采集覆盖全市域 16410 平方千米范围的所有已建成的房屋建筑，支撑政府宏观决策。

　　房屋建筑专题报告详细统计了各年度北京市房屋建筑的建筑规模总量、占地面积总量及栋数，同时针对不同区域的房屋总量进行了分析研究，按照房屋的不同使用性质进行了详细的统计分析研究，北京市房屋建筑统计分布如图 8.1 所示。

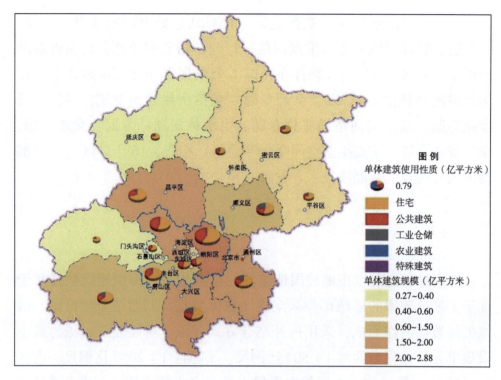

图 8.1　北京市房屋建筑统计分布

## 三、房屋增减变化专题

随着城镇化快速发展，北京市逐渐从投资驱动发展和土地增量扩张模式转变为减量发展模式，减量背景下的北京城市发展更加关注空间活力的再生，以及人与空间的融合发展。北京市人民政府印发《关于"十四五"时期深化推进"疏解整治促提升"专项行动的实施意见》，落实了习近平总书记视察北京重要讲话精神，"既管好主干道、大街区，又治理好每个社区、每条小街小巷小胡同"，深入开展全市"疏解整治促提升"工作。

房屋增减变化专题报告主要介绍了自 2015 年地理国情普查以来各年度房屋变化情况，主要从栋数、占地面积及建筑规模方面统计各地区的房屋拆除量及新增量，北京市房屋单体建筑分布如图 8.2 所示。为疏解非首都功能、城市规划实施监管、严守"双控""三线"、违法用地违法建筑治理、城市副中心建设等多个领域决策提供数据支撑。

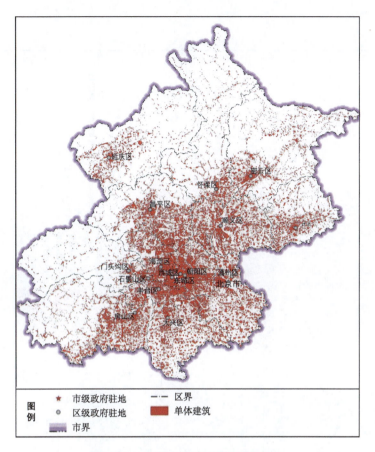

**图 8.2 北京市房屋单体建筑分布**

## 四、城市空间格局变化专题

统计北京市 2018 年城区空间扩展变化（图 8.3）、城市扩展占用土地类型、城市扩展绿化覆盖情况、城市基本公共服务设施和城市综合交通网络设施等方面的情况；基于首钢老工业区提取的地表覆盖数据（图 8.4），监测老工业区搬迁改造试点进展情况，包括搬迁改造过程中地表覆盖、用地性质的变化情况，以及空气污染变化情况；统计北京市的房屋建筑区、城市道路、绿地与广场、水系等空间分布信息，开展海绵型城市透水面、不透水面和地表径流系数监测。北京市通州区海绵型城市建设 2015 年—2020 年要素变化分布示意如图 8.5 所示。

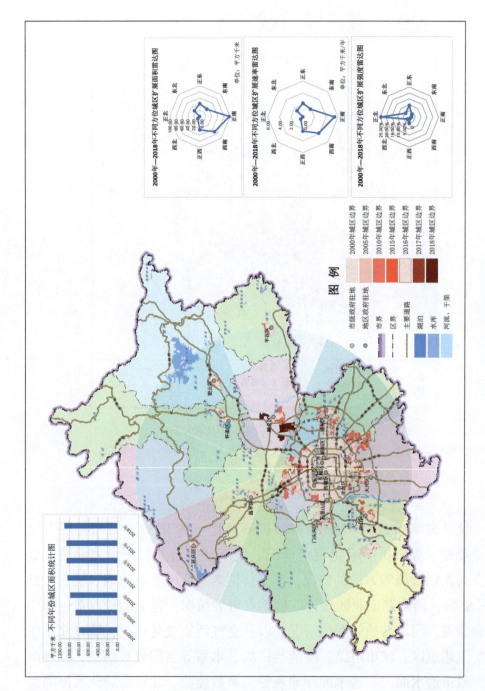

图 8.3　北京市城区空间扩展变化分布示意

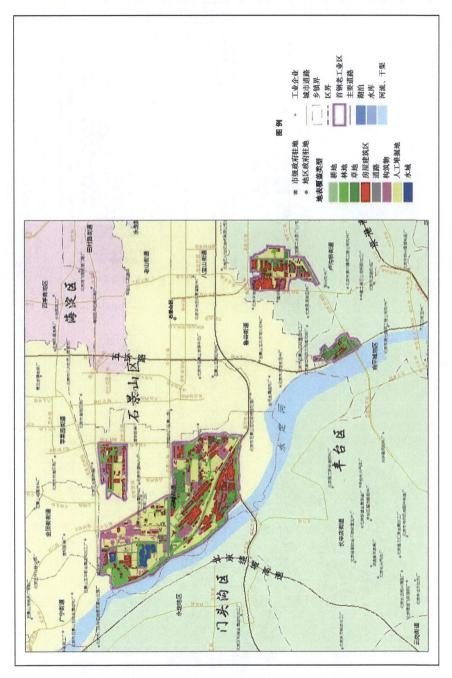

图 8.4  首钢老工业区地表覆盖分布示意

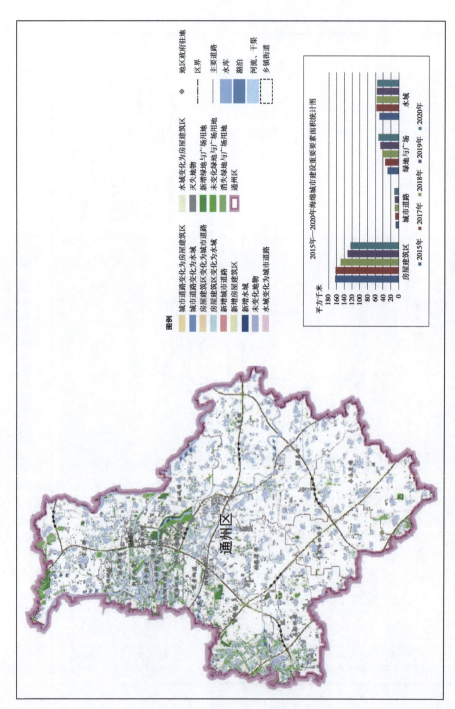

**图 8.5　北京市通州区海绵型城市建设2015年—2020年要素变化分布示意**

## 五、山水林田湖草专题

基于 2020 年度地理国情监测成果数据，按照"山、水、林、田、湖、草"的划分进行内容组织，对浅山区（海拔为 100～300 米）、山区（海拔大于 300 米）范围内的地表覆盖、重要地理国情要素进行现状分析，北京市浅山区和山区地表覆盖分布如图 8.6 所示，同时对水域资源、林业资源、种植土地、湖泊、草地进行分细类现状统计。统计单元主要由行政区划、中心城区、城市副中心、非中心城区和环路等具有特点的划分单元构成。

## 六、交通专题

北京市交通设施包含铁路与道路、城市规划道路、桥梁、交通场站、轨道交通站点和轨道交通出入口共计 6 类数据，交通设施相关基础数据来源于北京市交通委员会专题资料。交通专题分析主要是基于交通路网，对其空间分布、服务能力、规划实施情况以及现状进行详细分析，主要从如下 6 个方面进行：铁路与道路概况、道路分布情况、城市规划道路实施情况、交通场站概况、轨道交通出入口情况、桥梁和轨道交通站点服务能力等。北京市道路空间分布如图 8.7 所示。

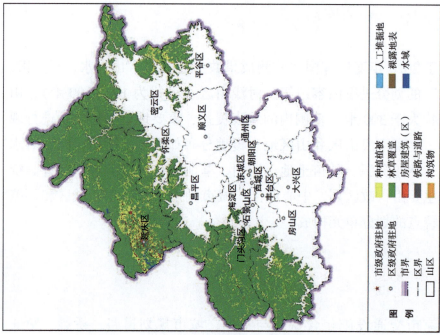

（b）山区

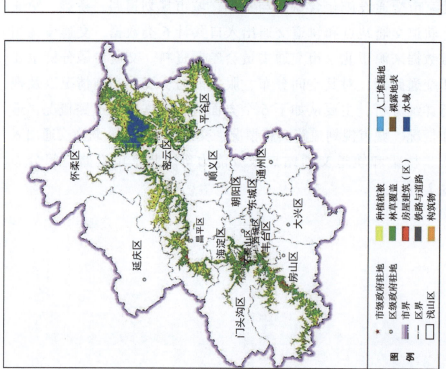

（a）浅山区

图 8.6　北京市浅山区和山区地表覆盖分布

**图 8.7  北京市道路空间分布**

## 七、新冠疫情专题

2020 年新冠疫情在全世界范围内极速蔓延，成为威胁群众安全和社会稳定的重大公共卫生事件。当时我国内防反弹，外防输入，疫情防控形势严峻。

新冠疫情专题报告基于地理国情监测成果，梳理病例发生场所、采血场地、检测机构、发热门诊、防控储备空间等专题数据，采用核密度模型、可达性分析等方法，对全市病例发生场所及检测机构分布进行空间分析（图 8.8），解读患者就医情况空间分布特点，为政府合理配置医疗资源提供数据支撑，为群众快速查找医疗资源提供便利。

## 八、重点生态空间变化专题

北京市不断加强生态文明建设工作。《关于推动生态涵养区生态保护和绿色发展的实施意见》中指出，生态涵养区是首都重要的生态屏障和水源保护地，是城市的"大氧吧"和"后花园"，在北京城市空间布局中处于压轴的位置，地位和作用极为重要。北京市应推进高水平生态涵养保护，加强深山区生态保育，构建浅山区生态屏障，丰富平原地区生态服务功能，协同建设京津冀西北部生态涵养区。同时，还需要继续推进京津冀风沙源治理、太行山绿化、主要道路河流两侧绿色生态廊道建设，加强废弃矿山生态修复、生态林断带治理，加强实施新一轮百万亩造林绿化工程，逐步构建生态涵养区中各区的建成区绿化隔离体系，全面推进各区国家森林城市建设工作。北京市重点生态空间分布示意如图 8.9 所示。

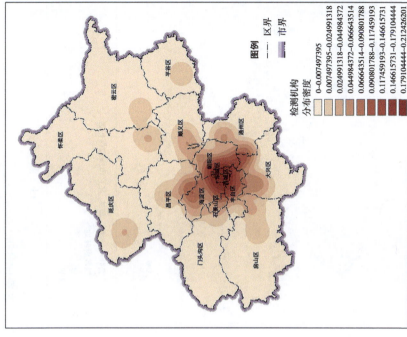

（b）检测机构

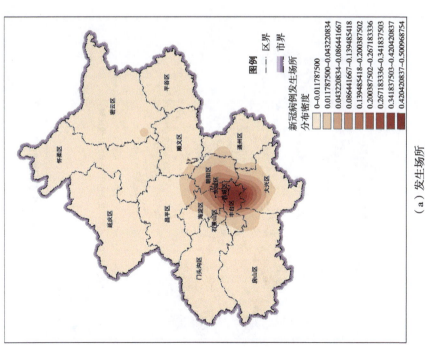

（a）发生场所

图 8.8 北京市新冠病例发生场所及检测机构分布

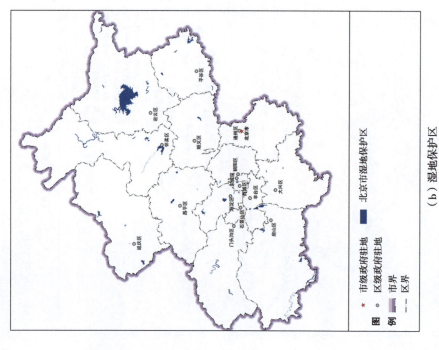

（b）湿地保护区

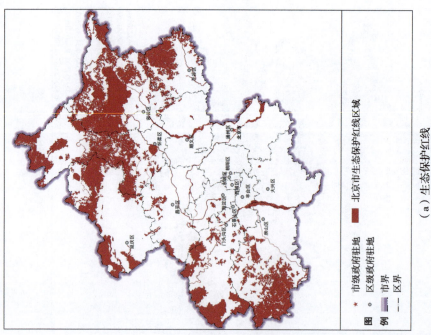

（a）生态保护红线

**图8.9 北京市重点生态空间分布**

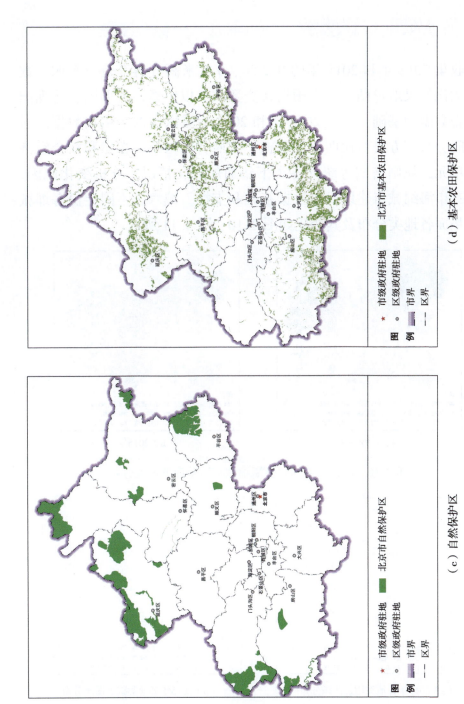

（c）自然保护区

（d）基本农田保护区

图8.9 北京市重点生态空间分布（续）

## 九、海绵城市下垫面分析

收集 2012 年和 2015 年的 0.2 米、0.5 米高分辨率航空影像、数据、大比例尺地形图、地理国情普查数据，以影像、地形图、地理国情普查数据为基础，生成 2012 年和 2015 年城六区的下垫面数据。通过空间分析等方法对比两年的数据，按照行政区划、自然和社会经济区域单元、规则格网等统计各类下垫面的变化情况，分析变化原因，为北京市海绵城市建设提供数据基础和支撑。城六区不同年份海绵城市下垫面各地类分布及其变化如图 8.10、图 8.11 所示。

（a）2012年

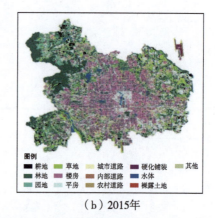
（b）2015年

**图 8.10 城六区不同年份海绵城市下垫面各地类分布**

（a）2015年各地类增加图斑分布

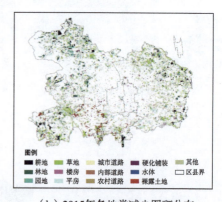
（b）2015年各地类减少图斑分布

**图 8.11 城六区不同年份海绵城市下垫面各地类变化**

## 十、山区防洪安全风险分析

洪水灾害是世界上危害最严重的自然灾害之一，城市山洪灾害一旦发生，将使城市人员和财产遭受巨大损失，因此，针对特定区域的防洪安全风险评估工作对于降低城市山洪可能带来的损失具有重要意义，尤其是在北京山区这样人口和经济活动都较为密集的区域。

以数字高程模型、河流流域、排水管网、水工构筑物等数据为基础，设计开发包括模型输入、暴雨洪水分析、河道过流能力计算、数字地形分析等功能的山区小流域洪水风险评价模型，选取试验区域进行流域防洪安全风险评估。山区防洪安全风险分析示例如图 8.12 所示。

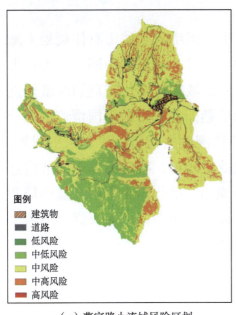

（a）曹家路小流域风险区划　　　　　　（b）红螺谷流域风险区划

**图 8.12　山区防洪安全风险分析示例**

## 十一、地表沉降监测

为深入系统地掌握北京市地表沉降现状和发展趋势，将地表沉降监测纳入北京市地理国情普查实施方案，在沉降区建立系统、综合、高分辨率的区域地表沉降监测网络，获取准确、翔实的监测数据，总结地表沉降发展规律，北京市于 2015 年、2016 年分两个年度对北京市东部沉降区等重点区域开展地表形变监测工作。开展卫星导航定位连续运行基准站（continuously operating reference station，CORS）（14 个）、B 级点（4 个）、C 级点（58 个）共 76 个点位，19 个时段的连续监测（每时段 24 小时）。水准外业包括一等水准观测 770 千米、二等 950 千米，总计 1720 千米。利用 2014 年—2016 年三期、每期 25 景 COSMO-SkyMed 雷达数据进行沉降分析。

## 十二、小结

在地理国情监测数据成果的基础上，围绕新版城市总体规划实施与评估、非首都功能疏解、城市副中心建设、京津冀协同发展等重大战略、重点规划、重点工作等，聚焦北京城市精细化管理和时事热点问题，经过多年发展，逐步形成较为成熟的北京市地理国情监测统计分析成果体系，充分发挥了地理国情监测数据优势，为北京市规划、建设和管理提供服务保障。形成了权威、客观、准确的地理国情信息数据，为制定和实施国家发展战略与规划、优化国土空间开发格局和各类资源配置、推进生态环境保护、建设美丽中国、加快资源节约型和环境友好型社会建设提供了重要支撑。

# 第九章　总结与展望

## 一、总结

　　自 2013 年北京市开展第一次地理国情普查以来，其成果在首都很多方面得到了重点应用，为城市规划管理、生态文明建设、非首都功能疏解、城市精细治理、城市安全运维、国家重大项目等提供了关键技术支撑，为发改、交通、生态环境等相关委办局提供服务量多达 60 余项，提供基础地图 5000 余张，提供分析服务 2000 余次，有效迈出了地理国情服务首都高质量发展"用好"数据的关键一步。

　　通过梳理，在"十三五"期间，围绕新版城市总体规划、非首都功能疏解、冬奥会冬残奥会这"三件大事"，地理国情监测成果有效实现了"用准"层面的精准服务：为新版城市总体规划编制提供了单体房屋数据，将城市减量发展从用地水平二维基础提升到建筑规模的三维空间层面，首次将建筑规模管控纳入城市总体规划中来，加速城市减量提质的进程；为疏解非首都功能，地理国情数据成为在房屋建筑上推进违法建设治理的有力抓手，首次摸清了房屋建筑现状"一张底图"，为违法建设的精准拆除提供了准确的数量和空间定位，北京成为首个创"基本无违法建设"的城市，为其他城市提供创新示范；地理国情普查为冬奥会冬残奥会提供了无障碍设施的现状摸底数据，为城市提升人文关怀的温度提供有力数据支撑。

　　依托地理国情监测成果应用服务的"用好"和"用准"基础，深入推进地理国情监测成果"用深"的层面。基于城市总体规划实施评估机制，持续推进"一年一体检"的应用服务，从建筑规模、集约发展、人居环境、基础服务、职住平衡、精细管理等多维度进行数据挖掘分析，有效支撑房屋建筑的年度体检工作。在分区规划编制过程中，为实现规划实施经济成本与政府财力最大能力的匹配，对基于单体建筑数据进行拆建平衡测算分析，推进了分区规划的最终落地。在推进生态文明建设工作中，地理国情监测成果服务新一轮百万亩造林工程，为选址提供精确的现状地类判定、周边地类环境影响数据，为造林空间选址提供参考。同时，为生态功能用地的督查工作提供精准的时间和空间定位分析。

做好成果"三用"目标，需要在以下三方面继续夯实基础。

一是强化基础应用，实现成果用好。监测成果为城市总体规划编制、北京和国家重点工程建设、非首都功能疏解、城市精细化管理、生态文明建设、城市安全运维管理、国家重大调查项目等方面提供及时、准确的测绘数据保障服务，为国家单位、市属委办局、委内机构提供不同层级的数据支撑，今后需要继续加强数据的基础应用服务，实现监测成果"用好"目标。

二是保障重点应用，实现成果用准。结合地理国情监测成果在"十三五"规划期间的重点应用与"十四五"规划的重点内容，在继续推进地理国情监测成果在总体规划编制与实施评估、疏解非首都功能、新首钢重大工程攻坚、生态红线精准落地等方面保障应用的基础上，今后还需在城市副中心建设、基础设施建设、城市更新行动、大城市基层治理体系、生态环境容量监测等方面进行重点服务。

三是提升挖掘层面，实现成果用深。结合城市总体规划实施评估、疏解非首都功能，深入挖掘地理国情成果数据，提升服务应用层级，最大化发挥数据内涵价值。在未来城市更新行动、大城市基层治理体系、基础设施建设工作中，充分挖掘房屋核心数据内涵价值，持续推进城市减量提质目标。

## 二、展望

　　基于当下，应稳步推进地理国情监测向城市国土空间监测转型。围绕"两统一"职责的履行，地理国情监测转型为城市国土空间监测，应聚焦城市安全、城市宜居、文化生活、历史风貌、城市建设、交通便捷等六方面内容，进行城市自然资源细化和补充、人文地理要素监测。基于以往地理国情监测形成的技术体系、标准体系、产品体系，需要提前谋划适应城市国土空间监测的关键技术体系，为将来城市国土空间监测数据生产奠定基础。

　　面向未来，应有效服务城市空间数据高质量分析的方向。在做好城市国土空间监测数据生产工作的基础上，围绕国土空间规划实施监督、城市体检评估和用途管制等业务工作，对监测成果开展深入统计分析，在现状地类时空变化、耕地流向、山水林田湖草状况、城市交通发展、生态文明建设、城市生活宜居指标等方面，对数据进行深度挖掘分析，形成图文并茂、重点突出、专业性强的分析报告，为监测成果更好应用服务于政府宏观决策提供纽带，继续推进"用好、用准、用深"的目标。

# 附录　名词解释

**地理国情信息**：从地理的角度分析、研究和描述国情，即以地球表层自然和人文现象的空间变化和它们之间的相互关系、特征等为基本内容，对构成国家物质基础的各种条件因素做出宏观性、整体性、综合性的调查、分析和描述，是空间化和可视化的国情信息。

**地理国情普查**：是全面获取地理国情信息的重要手段，是掌握地表自然、生态以及人类活动基本情况的基础性工作。全国开展第一次地理国情普查工作始于 2013 年 2 月，普查数据时点是 2015 年 6 月 30 日。

**地理国情监测**：是在地理国情普查成果的基础上，综合利用全球导航卫星系统、航空航天遥感、地理信息系统等现代测绘地理信息技术，利用各时期测绘成果档案，对自然、人文等地理要素进行动态和定量化、空间化的监测，并统计分析其变化量、变化频率、分布特征、地域差异、变化趋势等，形成反映各类资源、环境、生态、经济要素的空间分布及其发展变化规律的监测数据、图件和研究报告等，从地理空间的角度客观、综合展示国情国力。地理国情监测从 2017 年开始，2022 年以后地理国情监测转向自然资源监测、国土空间规划实施监测、城市国土空间监测等。

**地表覆盖**：是反映地表自然营造物和人工建造物的自然属性或状况。地表覆盖不同于土地利用，一般不侧重于土地的利用方式和目的意图等社会属性。

**地理国情要素**：主要是反映与社会生活密切相关，具有较为稳定的空间范围或边界，具有或可以明确标识或有独立监测和统计分析意义的重要地物及其属性。例如城市、道路、设施和管理区域等人文要素实体，湖泊、河流、沼泽、沙漠等自然要素实体，以及高程带、平原、盆地等自然地理单元。

**单体建筑：** 一般指上有屋顶，周围有墙，能防风避雨、御寒保温，供人们在其中工作、生产、生活、学习、娱乐和储藏物资，并具有固定基础，层高一般在 2.2 米以上的场所。

**新版城市总体规划：** 主要指《北京城市总体规划（2016 年—2035 年)》，是为深入贯彻落实习近平总书记视察北京重要讲话精神，紧紧扣住迈向"两个一百年"奋斗目标和中华民族伟大复兴的时代使命，围绕"建设一个什么样的首都，怎样建设首都"这一重大问题，谋划首都未来可持续发展的新蓝图，北京市编制的新一版城市总体规划。

**非首都功能疏解：** 主要是指北京对那些与首都功能发展不相符的城市功能进行疏解，使北京城市功能更加符合首都"四个中心"的定位。

**"无违建"：** 是"基本无违法建设"的简称。不是指实现创建区域内不存在违法建设，而是指各区、开发区、街道（乡镇）通过创建行动对存量违法建设完成系统的梳理，对纳入督察、执法台账的存量违法建设按照要求实现整改，对其余存量违法建设的消减按照规划引领的要求，治理成效达到市级验收评价指标体系的要求，对暂时无法消除违法状态的项目制定切实可行、科学有效的长效管控机制和闭环监督责任体系，新生违法建设实现动态清零，因违法建设形成的"城市病"得到缓解，在违法建设治理方面形成示范效应的区域。

**新一轮百万亩造林：** 主要是指为牢固树立和践行"绿水青山就是金山银山"的理念，将守护好绿水青山作为头等大事，坚持生态为基、绿色发展，北京市全力推进的新一轮百万亩造林绿化工程。工程实施时间是 2018 年—2022 年。